LAMENTATION

SUR

LA CATASTROPHE

DU 8 MAI 1842,

AU CHEMIN DE FER DE VERSAILLES,

PAR

ALEXANDRE GUILLEMIN,

AVOCAT A LA COUR ROYALE DE PARIS, ANCIEN AVOCAT A LA COUR DE CASSATION,

AUTEUR

des Chants sacrés, de la traduction complète des Psaumes en vers, de l'Interprétation méditée
du Cantique des Cantiques et du Souvenir du Ciel.

Prix : 1 fr. 25, pour les Pauvres.

A PARIS,

CHEZ GAUME FRÈRES, LIBRAIRES,

RUE DU POT-DE-FER-S.-SULPICE, N. 5.

1842.

IMPRIMÉ CHEZ PAUL RENOUARD,
Rue Garancière, n. 5.

Les effrayans et nombreux détails de la catastrophe du 8 mai 1842 ne sont que trop connus. Nous rappelons seulement ici les faits qui doivent retrouver les mêmes larmes dans tous les cœurs, et dans tous les temps.

Un grand nombre de victimes ont péri, comme frappées par la foudre. Un plus grand nombre ont été, ou brûlées, ou asphyxiées en quelques minutes.

La plupart de celles qui ont vécu encore des heures, ou des jours, étoient horriblement mutilées.

Jamais il ne sera possible de compter celles qui ont été réduites en poudre par ce feu où les métaux se sont fondus et où la cendre garde le secret de tant d'immolations. Des familles entières ont péri.

Au premier choc, le directeur et les chauffeurs des locomotives ont été dispersés en lambeaux. Les wagons de devant, par l'impulsion de leur *force acquise*, se sont rués les uns sur les autres en s'écrasant. Le premier trouvant moins de résistance, n'a pas été broyé comme les deux suivans. Le quatrième a été ouvert un moment par la violence de la commotion ; et le pieux jeune homme, qui nous a raconté cet épisode du sinistre, a saisi ce moment pour s'élancer sain et sauf vers le talus du chemin avec trois de ses compagnons blessés. A la minute même, la partie supérieure du compartiment s'est enfoncée sur les malheureux restés dans l'intérieur. Ainsi, grâce à un accident du désastre, l'une des portières si fatalement closes, a été déchirée, et a livré passage à quatre voyageurs seulement.

Déjà le feu et la fumée rouloient en tourbillons sous les wagons et sous les diligences. Le plancher des voitures se détachoit dans la rapidité de l'incendie, et les impériales s'écrouloient. On comprend l'affreux chaos, le désespoir, l'enfer d'une pareille scène. Mais les témoins eux-mêmes ne pourroient pas la traduire par des paroles.

On a besoin de pleurer, et de pleurer encore.

Dieu nous garde de chercher là d'autres textes que ceux des grandes leçons de sa justice et de sa miséricorde! Au temps même où il conduisoit son peuple comme par la main, sa providence laissoit parfois tomber sur Israël des fléaux éloquens et des enseignemens terribles ; alors des voix inspirées gémissoient, avec un rhythme douloureux, sur les malheurs publics et pleuroient les pleurs de Sion.

Aujourd'hui, sans usurper une mission sacrée, il est permis d'essayer le chant des lamentations, en pleurant aussi avec tant de familles décimées par le plus tragique évènement qui ait désolé la terre.

Toutes les circonstances en sont lamentables. La plupart des voyageurs avoient été attirés à Versailles par une fête. Les grandes eaux jouoient le 8 mai à l'occasion de la Saint-Philippe ; et ce magnifique divertissement étoit ainsi ajourné, sans doute, pour ne pas se trouver en concurrence avec Paris, au 1er mai.

Le jeune homme dont je tiens une partie de cette relation, y avoit été conduit par un devoir de piété filiale auprès de son vénérable aïeul.

Revenu de sa première stupeur, il retourna avec ceux qui étoient délivrés miraculeusement comme lui, auprès des wagons enflammés, et contribua au salut de plusieurs victimes. Il fut de toute impossibilité d'approcher celle qui dominoit cette scène de désolation et d'horreur. C'étoit une femme élevée, comme sur un bûcher, au dessus de l'incendie. Après avoir vainement espéré du secours, elle leva les yeux et les mains au ciel ; puis, dans une attitude résignée, elle attendit l'invasion des flammes, et disparut dans la fournaise.

On peut juger de ce qui se passoit dans l'intérieur des voitures. La résignation pouvoit-elle se rencontrer dans toutes les âmes au milieu du trouble, des chocs, des meurtrissures, des flammes, des tourbillons de fumée? Hélas! étoient-ils coupables de se briser, de se mordre dans leurs convulsions de terreur et de rage, ces malheureux que l'instinct de la conservation précipitoit les uns sur les autres, dans l'espoir de trouver une issue? L'un d'eux eut plusieurs doigts emportés par des morsures, et ne put s'échapper qu'en blessant lui-même ceux qui lui disputoient ainsi le passage.

Que d'autres martyrs nous consolent par la piété de leur héroïsme! Dans l'un des wagons brûlés, se trouvoient M. Le Pontois, sa fille âgée de quatorze ans, déjà orpheline de mère, M. Le Pontois avocat son frère, et M. Lemarié, artiste distingué, son beau-frère : ils ont péri tous trois. La jeune fille seule a été sauvée. Elle fut jetée évidemment par leurs soins, sur la berge du chemin. L'orpheline perdant son père et ses parens, puis se trouvant ainsi abandonnée au milieu de cette tragédie, et couverte de blessures, pouvoit à peine donner ces tristes explications.

Les traits de dévoûment se multiplioient à l'extérieur sur toute la ligne du désastre; on avoit enfin reçu de l'un des conducteurs blessés, la clef des portières; et alors toutes celles qui n'avoient pas été écrasées dans la commotion, ou brisées par les voyageurs, furent ouvertes. Mais le ravage des flammes engouffrées entre les talus de la tranchée de Bellevue s'étendoit toujours et rendoit plus périlleux les abords des wagons.

Un frère est mortellement brûlé en dégageant sa sœur de la prison de feu.

Un père, vieil officier, se précipite à terre avec son fils; la fumée tourbillonne; il ne le voit pas; il l'appelle; il retourne au fatal wagon et y trouve la mort, tandis que le malheureux fils est vivant !

Une mère croit emporter sa fille et n'emporte que la moitié de son corps. Une autre mère serre son enfant dans ses bras, sans le quitter jamais, même au milieu du brasier; leurs membres calcinés en déposent.

Les voyageurs, rendus à la liberté et à la vie, sont parens et amis de tous ceux qui souffrent dans ce vaste supplice; ils assiègent l'incendie partout où il y a espoir de salut. Trop souvent, hélas ! il faut abandonner les victimes ! Une femme étoit déjà à moitié sauvée; mais les jambes sont retenues par l'enchevêtrement des ferrures et des bois du wagon. Les flammes s'élancent de toutes parts. Il faut renoncer à cette délivrance ! Un bruit funeste a dit qu'une femme avoit été retenue par ses compagnons de détresse, qui auroient saisi ses pieds et ses vêtemens. Le récit de mon jeune témoin, espérons-le, contient le seul fait véritable, et l'autre version est l'altération du même fait.

Quelles expressions pourroient rendre les soupirs, les cris, les hurlemens de tant de malheureux ! ce concert étoit effroyable ! et cependant le silence qui succédoit par intervalles, et surtout celui qui termina la grande scène d'horreur, fut encore plus déchirant. Il n'y avoit plus d'espérance !

Souvent les victimes mouroient peu d'instans après avoir été retirées du théâtre de la catastrophe. Les morts étoient défigurés. Il y en avoit dont la moitié du corps étoit intacte, tandis que l'autre moitié étoit calcinée.

Beaucoup de blessés avoient les membres tellement meurtris ou fracturés qu'ils ne pouvoient être portés ; il falloit les traîner doucement avec les plus grandes précautions et avec le secours de plusieurs personnes. Les officiers et le corps entier de la gendarmerie locale ont été admirables de zèle et de dévoûment. Il faut citer aussi avec honneur les habitans de Bellevue, de Meudon et de Sèvres, accourus sur le lieu du sinistre. On comprend que les autorités de la capitale durent arriver bien plus tard. M. le préfet de police eut soin de pourvoir à tout pour le plus grand soulagement des blessés.

Nous ne parlerons pas des Sœurs de la Charité venues des communes du voisinage. Le zèle des filles de Saint-Vincent de Paul ne manque jamais à aucune souffrance. Le champ étoit vaste ici !

La reconnoissance d'une famille a publié un document qu'il importe de conserver. C'est une lettre déjà recueillie par toute la presse ; elle étoit adressée d'abord au rédacteur du *Siècle*. La voici :

« Monsieur,

« Je revenois avec ma fille, mes trois petites-filles et leur bonne, par le convoi de cinq heures et demie. A peine avions-nous ressenti le premier choc que le wagon où nous étions enfermé fut renversé sur le côté, ne laissant pour toute issue que le carreau de la portière. Les jeunes gens qui se trouvoient avec nous cherchèrent à fuir. Les flammes entouroient les parois de la voiture ; mes malheureuses petites-filles jetoient des cris perçans, la plus jeune avoit été renversée et le feu prenoit déjà à ses vêtemens ; j'avois la tête perdue, car avec mes soixante-neuf ans j'étois fort peu capable de sauver ma fille et ses pauvres enfans.

« Dans ce moment terrible nous apparut un monsieur coiffé d'un chapeau gris, qui faisoit de violens efforts pour briser les panneaux du wagon ; il y parvint enfin, sauva d'abord les trois enfans l'un après l'autre, arracha ma fille évanouie aux flammes qui l'entouroient de toutes parts. Puis il nous transporta tous les cinq à cent pas environ de l'incendie ; et voyant que nous étions sans habits, il nous offrit sa bourse et nous força d'accepter 20 fr. pour ne pas nous exposer, dit-il, à l'hospitalité douteuse des aubergistes de la banlieue. Il nous quitta de nouveau pour secourir notre malheureuse bonne, la rapporta sur son dos ; ses jambes brûlées l'empêchoient de marcher. Nous nous aperçûmes alors que le pantalon de notre libérateur étoit en cendres et que ses bottes, à tiges rouges, étoient à moitié brûlées ; il n'avoit plus qu'un lambeau d'habit, dont les basques avoient été dévorées par le feu.

« Nous le priâmes avec instances de nous dire son nom ; il nous répondit en souriant : « Je m'appelle *Arthur trois étoiles* , je n'avois « rien à craindre du feu, mon cher oncle m'ayant fait assurer contre « l'incendie. » Puis il s'éloigna en boitant.

« J'ignore le nom de l'homme généreux qui nous a sauvés ; j'ai fait prendre des renseignemens à Sèvres et à Versailles ; on ne le connoit que de vue; on le voit souvent, m'a-t-on dit, dans une voiture sans autre armoirie qu'une couronne sur le siége. Je lui ai dit mon nom et mon adresse, mais je doute qu'il m'accorde le bonheur de lui exprimer ma reconnoissance ; je proclame donc ici que je lui dois la vie, celle de ma famille, et 20 fr. que je voudrois bien lui rendre.

« Agréez, etc.   B. DURIEUX,

« *Ancien fabricant, à Montrouge*, 116, *chez Mme Bager.* »

Les premiers vœux des mourans et des blessés avoient appelé les secours de la religion. *Un prêtre ! un prêtre !* s'écria le jeune élève de l'école Polytechnique, à qui il ne restoit plus quelques heures à vivre. Il les employa tout entières à la contemplation des choses éternelles où il alloit entrer ; et quand on lui parloit du soin de ses blessures, il répondoit : *Dieu seul !* et il se préparoit ainsi à paroître devant lui. Toute l'école fut présente à ses obsèques, en l'église de Saint-Étienne-du-Mont ; les larmes et le recueillement religieux de tout ce cortège funèbre s'inspiroient des pensées du jeune mourant. Un ecclésiastique du département du Var se trouvoit parmi les voyageurs délivrés. Il donna aussitôt l'absolution générale aux victimes expirantes et récita des prières pour les morts. Bientôt après, M. le curé de Meudon, malgré son état de souffrance, vint avec son vicaire leur prodiguer ses soins. Tous les pasteurs des contrées voisines, les prêtres du séminaire d'Issy, de même que ceux du séminaire des missions étrangères, et leurs élèves, firent des miracles de charité et de dévoûment. Combien d'âmes ont pu trouver le salut dans le sein même du désastre !

Un autre ministre des autels dont la vie est consacrée à une institution qui rappelle les beaux jours de l'éducation chrétienne, s'empressa, à la première nouvelle de la catastrophe, d'y porter aussi son tribut de zèle ; et nous ajouterions son tribut de force, si la perte de deux de ses anciens élèves, MM. Lemarié, et Paul de Drionville, n'avoit pas consterné d'abord son courage. Mais ce courage, il le retrouva, et pour visiter les agonisans, et pour consoler les familles en larmes.

On sait déjà que le dernier acte de la vie de l'un des deux anciens élèves dont nous parlons, fut un acte digne de l'éternelle couronne. Ah! sans doute, l'autre élève ne fut pas surpris non plus par la mort dans l'oubli des devoirs du chrétien. Une révélation fortuite nous a fait connoître hier que la lecture de l'Imitation avoit été sa dernière lecture le matin même du 8 mai. Oh! oui, au milieu de tant de douleurs, on peut dire au cœur d'un père, au cœur d'une mère : *Consolamini ! consolamini !*

Un autre élève de la pieuse maison de Vaugirard, le jeune Cleenwerk, échappa miraculeusement au désastre. Il étoit dans le même wagon que Paul de Drionville, en face de lui. Il l'entendit s'écrier : *Nous sommes morts!* et sans se rappeler rien de tout ce qui se passa depuis ce fatal instant, il se réveilla à terre loin du feu, se releva et courut vainement au wagon pour retrouver son ami. Les flammes avoient tout envahi.

Pour rafraîchir l'âme au milieu de cette relation funèbre, voici d'abord l'extrait d'une lettre de M. l'évêque de Versailles à M. le curé de Meudon : « Votre conduite dans le triste évènement de di-
« manche (8 mai) a été trop belle, pour que je ne vous en témoigne
« pas toute ma satisfaction. Malade, vous vous êtes transporté au
« secours des mourans ; et, sans force pour vous-mêmes, vous en
« avez trouvé pour secourir et consoler les autres. »

Mgr. l'archevêque de Paris adressa, le 10 mai, à MM. les curés de son diocèse la lettre pastorale suivante :

« Monsieur le Curé,

« Nous avons pleuré ces frères infortunés, enveloppés et broyés, au retour d'une fête brillante, dans une tempête de feu. Quelle scène de désolation, d'horribles souffrances et de cruelles angoisses ! Jamais la mort avec ses périls et ses douleurs n'étoit accourue avec autant de rapidité au devant de ses victimes : *Circumdederunt me dolores mortis, et pericula inferni invenerunt me.* (Ps. CXIV, 3.)

« Pleurons au souvenir de cette lamentable catastrophe ; mais prions aussi : prions surtout afin que Dieu daigne consoler tant de familles éplorées, adoucir les souffrances de ceux qui n'ont pas succombé, et faire miséricorde à ces pauvres âmes transportées si inopinément au pied de son redoutable tribunal. Elles crient vers lui de les délivrer ; elles crient vers leurs frères dans la foi, de leur procurer par leurs prières le lieu de rafraîchissement, de lumière et de paix : *O Domine, libera animam meam !* (Ps. CXIV. 5.)

« En conséquence, le vendredi 13 mai, une messe basse, *in die Obitûs*, sera célébrée dans toutes les églises paroissiales de Paris ; à dix heures précises, pour le repos de l'âme des victimes qui ont succombé par suite de l'évènement arrivé le 8 mai, sur le chemin de fer de Versailles (rive gauche.)

« La présente lettre sera lue jeudi soir à l'Exercice du Mois de Marie, ou au Salut qui se célèbre en ce jour dans les paroisses, etc.

« † DENIS, archevêque de Paris. »

Que de méditations provoquées à la vue de tant de malheurs et de tant de vertus ! Ici les voies de la providence sont plus impénétrables encore que dans le cours ordinaire des évènemens.

Quel épisode aussi que celui de l'amiral Dumont d'Urville, venant, après avoir plus d'une fois parcouru toutes les mers connues et découvert lui-même de nouvelles plages, expirer dans le feu, avec sa femme et son fils unique (1), sur la courte branche d'un chemin de fer !

Dans les premiers jours d'une révolution déplorable, il avoit accepté la mission de conduire en exil trois royautés-à-la-fois, mission douloureuse, à n'en juger même que d'après ce qu'elle eut de public. Mais aujourd'hui, en présence d'une pareille fin, il n'y a plus que des lamentations universelles.

---

(1) Le jeune Dumont Durville, âgé de 14 ans, étoit un élève extrêmement distingué du Collége Louis-le-Grand. Il y avoit eu composition, le samedi 7 mai, veille de la catastrophe, dans la classe de Rhétorique ; et le jour que l'on donna les places il fut nommé le *premier* au milieu des larmes de tous ses camarades.

Que de personnes ont été préservées dans des circonstances providentielles. Des jeunes gens s'étoient donné rendez-vous pour aller à Versailles par la rive droite, et revenir par la rive gauche, à l'heure qui sonne ordinairement les dîners de famille. Plusieurs d'entre eux, du quartier Saint-Sulpice, ayant voulu entendre une messe plus longue qu'ils ne l'avoient prévu, et manquant ainsi le rendez-vous, changèrent alors leur itinéraire, partirent par la rive gauche, et revinrent par la rive droite.

Quelques personnes alliées à un homme connu par ses immenses services dans l'administration des hôpitaux de Paris, ayant le désir d'assister au salut de Saint-Sulpice y furent ramenées par le convoi qui précéda immédiatement celui de cinq heures et demie.

Parmi les voyageurs échappés du sein même de la catastrophe, combien ont dû leur salut à la protection divine!

La sainte Vierge a manifestement protégé le jeune homme qui nous a donné les détails les plus circonstanciés de cette relation. Il portoit la médaille et le Saint-Scapulaire.

Un autre jeune étudiant accompagnoit à l'hospice Necker un de ses amis grièvement blessé, et il s'écria en présence de l'une des religieuses de l'hospice : « O ma sœur! c'est mon scapulaire qui « m'a sauvé! c'est à la sainte Vierge que je dois la vie! Seul des « personnes qui se trouvoient dans le même wagon, j'ai échappé à « la mort; je n'ai aucune blessure. Oh! quelles grâces je dois rendre « à Dieu! » (1)

Le neveu d'un frère de l'un de mes successeurs à la cour de Cassation, a été sauvé sous les mêmes auspices, avec le même bonheur : il étoit dans le second wagon avec le jeune Bouchard qui partageoit les mêmes convictions religieuses, et dont M. Boulay de la Meurthe, son protecteur, a fait un touchant éloge. M. Marie, bâtonnier de l'ordre des avocats à la Cour royale de Paris et M. Hello fils, ont rendu pareil hommage à la mémoire de notre regrettable confrère M. Le Pontois. Combien de fois l'ai-je vu agenouillé devant l'autel de la chapelle de la Vierge à Saint-Sulpice! il étoit mûr pour le ciel.

On voit donc en même temps la vie et la mort planer sur les amis de la religion. C'est assez dire qu'il ne faut pas attendre de la protection de Dieu des miracles toujours visibles; et il ne suffit

---

(1) Ce fait est déjà rapporté à la fin du beau volume que vient de publier M. Egron, sur le *Culte de la sainte Vierge dans toute la Catholicité*.

pas de porter les livrées de Marie pour être absolument invulnérable. Le grand but, le grand bonheur, la grande victoire, c'est d'être à l'abri des dangers qui donnent la mort à l'âme. Et, sous ce rapport, que bouclier dans les insignes de la foi unis aux œuvres du chrétien! Quels prodiges de salut! quels triomphes de chaque jour! comme ils tomberoient confondus par les merveilles de la grâce, les hommes qui sourient de notre simplicité, si une révélation soudaine leur ouvroit le monde invisible, où les combats et les couronnes des élus ont le ciel pour témoin, même sur la terre!

Et, souvent, ce qui nous semble malheur est une récompense pour les chrétiens fidèles. Plusieurs des victimes, et particulièrement l'une de celles que nous avons nommées, ont été reconnues à leur médaille de la sainte Vierge. Heureux, heureux signalement! et s'il ne les a pas préservées du feu allumé par la main des hommes, il leur aura épargné le feu bien autrement terrible des justices du Seigneur.

Il est de foi que le supplice des damnés n'a rien de comparable aux souffrances humaines. Le feu du purgatoire est pareil à celui de l'enfer, mais avec l'espoir, ou plutôt la certitude de la délivrance. Ainsi, lors même, ce qu'il n'est guère permis de croire, lors même que l'ennemi du salut n'auroit pas saisi, dans ce désastre, quelque proie éternelle, les victimes réservées aux flammes expiatoires, doivent, dans leur souvenir, trouver de la douceur aux flammes de la terre!

Quel motif pour exciter la ferveur de nos supplications et pour faire comprendre les sollicitudes et le deuil de l'Église. Et quelles consolations dans une croyance où les prières soulagent plus efficacement les âmes souffrantes que tous les soins de l'art et de la tendresse ne soulagent le corps! les larmes du pauvre surtout sont précieuses devant Dieu; et l'aumône comme la prière est la clef du ciel.

Les habitants de Meudon, et sans doute aussi ceux des environs du sinistre, ont consacré le reste de la journée du dimanche au deuil et aux larmes. Toutes les maisons de réunion publiques furent immédiatement fermées, et un gémissement universel fut seul entendu.

C'est au milieu de la discussion de la loi des chemins de fer, à la Chambre des députés, que la nouvelle du désastre s'est répandue;

et cette discussion, continuée avec le calme imperturbable dans lequel la législature n'a pas manqué de se trouver *romaine*, s'est terminée sans que rien n'ait rassemblé en une démonstration générale les émotions que chacun des législateurs aura dû éprouver en particulier.

On a bien su faire du bruit à l'occasion d'une réclamation toute légale et toute pieuse de l'archevêque de Paris, pour l'observation du *Jour du Seigneur*, consacrée par la législation même. Alors le premier pasteur de la capitale a eu besoin d'être défendu à la tribune, à-peu-près comme on défend les prévenus devant les tribunaux! et il faut qu'aujourd'hui une plus digne et plus noble défense lui vienne de l'autre côté du Détroit, de la part des hommes même qui, sans partager nos croyances, partagent du moins notre respect pour le jour que le souverain créateur et maître s'est réservé.

Les grands avertissemens de la Providence fatiguent l'incrédulité et pourtant c'est toujours là, c'est toujours devant une main toute-puissante qu'il faut se prosterner; et l'attitude plus que stoïque de la législature française dans un si grand deuil, nous permettoit bien cette digression.

Heureusement les cœurs et les consciences se gouvernent autrement que par les lois humaines.

Le souvenir du 8 mai 1842 est à jamais gravé, avec son deuil, dans tous les cœurs. Des larmes! des larmes! et toujours des larmes sur cette fatale journée!

En a-t-on répandu partout dans la soirée du lendemain 9 mai? Et, puisqu'il faut terminer cette relation par un mot bien étonné d'y trouver place : quels sont les personnages signalés le 11 mai par les organes de la presse pour n'avoir pas visité le désastre, et pour avoir paru le 10 mai à l'Opéra?

LAMENTATION

SUR

LA CATASTROPHE

DU 8 MAI 1842,

AU CHEMIN DE FER DE VERSAILLES.

Versons les larmes du Prophète,
Chantons ses lugubres accords :
Un deuil sanglant couvre une fête !
C'est comme la fête des morts !

I.

Versailles ! tes grandeurs déjà tout affligées
 Des gloires que tu n'aimes pas,
 Seront à jamais ombragées
 Par les couronnes du trépas !

Dès long-temps tu gardois le souvenir des crimes..!
Une funeste joie orne aussi ses victimes :
Le cri du désespoir est semé sous ses pas!

Ah! que le Français pleure! et que l'étranger pleure!
    Ils sont mêlés dans le signal
    Où l'on entend la dernière heure
    Sonner l'holocauste fatal....
Que dans tout l'univers la plainte retentisse!
Que l'œuvre de la mort partout nous avertisse,
Et jette au loin l'éclat d'un sinistre fanal!

    Versons les larmes du Prophète,
    Chantons ses lugubres accords :
    Un deuil sanglant couvre une fête!
    C'est comme la fête des morts!

II.

Vers le flanc déchiré des collines agrestes,
    Où Meudon brille dans les fleurs,

Le fer, creusant ses rails funestes,
Creusoit d'avance nos douleurs;
Cette longue tranchée a des parois rivales
De toute la hauteur des tombes sépulcrales :
Elle attendoit l'instant du supplice et des pleurs.

Il éclate soudain, comme dans l'Évangile,
Ce signal de l'éternité :
En un seul pas il en fait mille!
C'est le convoi précipité!
Joyeux et de sa course, et du prix de tant d'âmes,
Il vole vers Paris... Halte! voici des flammes,
Voici du sang!.... La mort déjà l'a visité!

Hélas! l'homme est broyé plus vite qu'il ne crie,
Plus vite même qu'il n'a peur!...
Et toi, fille de l'industrie,
Tu n'entends rien, sourde vapeur!...
Sur son essieu rompu, l'un des chars de feu roule,
Le second char le brise, et, comme lui, s'écroule...
Ecoutez l'épouvante, et dites la stupeur.

Sur les fougueux débris des machines brûlantes,
Parmi les brasiers répandus,
Les wagons, bières flambloyantes,
Ensemble montent suspendus :
Dans leurs chocs, l'huile et l'eau fécondent l'incendie ;
Et le vaste soupir de cette tragédie
A crié: «Sauvez-nous! Dieu! nous sommes perdus!»

Versons les larmes du Prophète,
Chantons ses lugubres accords :
Un deuil sanglant couvre une fête !
C'est comme la fête des morts !

III.

Quelle voix, sans frémir, osera se résoudre
A tracer tant d'affreux tableaux ?...
Sous les premiers coups de la foudre,
Les pilotes sont en lambeaux......
Mais vous, pourquoi rester au fort de la tempête?
Sortez, sortez des chars! sortez! qui vous arrête?...
Ils sont emprisonnés comme dans des tombeaux !

Qui nous dira, des uns, la force et le courage,
>   Contre le feu, contre les fers ;
>   Et, des autres, les cris de rage,
>   Les combats, les tourmens soufferts ;
Les victimes ensemble échangeant leurs morsures,
Et d'un même ennemi recevant les brûlures?
Spectacle ivre d'horreur comme dans les enfers!

Combien sont-ils? deux cents, trois cents sur la fournaise ;
>   Et tous l'un sur l'autre jetés,
>   Dans la fumée et dans la braise,
>   Heurtant la mort de tous côtés !
Là, le père et le fils, et la mère et la fille!
Ici, nul n'est absent de toute une famille....!
Et leurs habits de fête, où les ont-ils portés?...

Et les infortunés que le hasard rassemble
>   Dans l'abîme d'un même sort,
>   Ont-ils d'autres liens ensemble
>   Que les étreintes de la mort?
Un élan vers la croix les réunit peut-être!

Au signe du salut s'ils ont pu se connaître,
D'un océan de feu le ciel sera le port.

Versons les larmes du Prophète,
Chantons ses lugubres accords:
Un deuil sanglant couvre une fête!
C'est comme la fête des morts!

IV.

Retrouvons l'espérance en ce jour lamentable :
    Il a ses héros, ses élus;
    Et, dans le deuil qui nous accable,
    Les doux chants ne sont point exclus.
Heur et malheur ensemble ont fait couler nos larmes;
La joie a ses fléaux, la douleur a ses charmes;
Et l'éternité s'ouvre à ceux qui ne sont plus!

Le ciel n'a point laissé, dans l'affreuse tourmente,
    Les cœurs souffrants à l'abandon :
    Avant qu'une voix gémissante,

Annonçât l'Ange de Meudon,
Celle d'un Prêtre saint, victime préservée,
Du milieu des débris soudain s'est élevée
Pour bénir et répandre un immense pardon !

Ainsi, des cœurs chrétiens la touchante agonie
    Peut encore à nos souvenirs
    Léguer sa pieuse harmonie.
    De la tendresse, heureux martyrs,
Vous avez dit: « Mourons, et que cet enfant vive! »
Et vous l'avez jeté, loin de vous, sur la rive......
C'est le dernier effort de vos derniers soupirs !

    Versons les larmes du Prophète,
    Chantons ses lugubres accords :
    Un deuil sanglant couvre une fête !
    C'est comme la fête des morts !

V.

Une majesté meurt dans cet horrible drame.
    A la terre elle a dit adieu:

Elle est reine! C'est une femme
Sur son bûcher, trône de feu;
Oui! reine de ses pleurs, reine de sa souffrance,
Elle étend vers le ciel les bras de l'espérance!
Mon Dieu! couronnez-la, car vous êtes son Dieu!

Versons les larmes du Prophète,
Chantons ses lugubres accords:
Un deuil sanglant couvre une fête!
C'est comme la fête des morts!

VI.

Main d'un noble inconnu, qui jamais n'es lassée
De prodiguer tant de secours,
Et qui, vainement dénoncée,
A nos yeux te caches toujours,
Mille baisers des cœurs te poursuivent dans l'ombre...
Plus tard, de tes bienfaits, Dieu nous dira le nombre;
Ici-bas sois bénie, et pour les plus longs jours!

Et toi qui m'es connu, jeune enfant de Marie,
    Toi qui, d'un désastreux wagon,
    Dans le choc, trompes sa furie
    Et le gouffre de ta prison,
C'est au pied des autels d'une mère céleste,
Que tu fais du miracle un mystère modeste :
Jamais d'un chant pieux ne crains la trahison !

Tu m'as dit, dans l'accent de tes soupirs intimes,
    Le frère mourant pour la sœur,
    Et tous les dévoûmens sublimes,
    Où le péril lançoit le cœur !
Du courage chrétien tu connois le délire,
Et quand tu retournois au foyer du martyre,
La victime sauvée ignoroit son sauveur.

    Versons les larmes du Prophète,
    Chantons ses lugubres accords :
    Un deuil sanglant couvre une fête !
    C'est comme la fête des morts !

VII.

Voici que des blessés, secouant leurs entraves,
    S'élancent des brûlans cachots,
    Lorsque déjà de leurs fronts hâves
    La flamme découvre les os...
A ce supplice, hélas! ils ne pourront survivre!
Et pour leurs compagnons incertains de les suivre,
L'eau fumante a des feux, l'incendie a des flots.

Un père doute encor, sous l'épaisse fumée,
    S'il a sauvé son fils mourant,
    Et dans la prison enflammée
    Périt lui-même en y rentrant!
Et son fils respiroit..! et je vois une mère
Entraîner par la main sa fille qu'elle serre!...
Mais la tête est restée au foyer dévorant!

De l'amour maternel les douloureux prodiges
    Par la flamme ont été surpris;

Et ces charbons, sacrés vestiges,
Bientôt vous les auront appris...
Dans ses bras calcinés, cette morte recèle
L'enfant, comme elle mort, et dévoré comme elle !...
Quel œil peut contempler ces funestes débris ?

Versons les larmes du Prophète,
Chantons ses lugubres accords :
Un deuil sanglant couvre une fête !
C'est comme la fête des morts !

VIII.

La science, les arts, le barreau, l'industrie,
Tout meurt sous ce fléau sans frein !
Et les soldats de la Patrie,
Eux-mêmes, dont le front serein
A contemplé la mort dans les champs du carnage,
Crioient, dans l'épouvante, à sa nouvelle image :
« Cruel feu ! plus cruel que les foudres d'airain ! »

Il brûle, ce marin, qui jusqu'au bout du monde,
De son drapeau planta l'orgueil ;
C'est la flamme, ce n'est pas l'onde,
Qui lui dispute son cercueil !
Cherbourg a pu lui dire en quelle dépendance,
Il faut, sujets et rois, bénir la Providence,
Et comment sur la terre il est plus d'un écueil.

Celle dont le doux nom baptisa l'*Adélie*,
Cœur à cœur brûle avec Dumont...
Et boiront-ils jusqu'à la lie
L'amer calice ?... ils le boiront !
Leur fils, unique enfant, brûlé comme eux, succombe !
Un posthume laurier va couronner sa tombe...
Puisse la palme sainte orner aussi leur front !

Versons les larmes du Prophète,
Chantons ses lugubres accords :
Un deuil sanglant couvre une fête !
C'est comme la fête des morts !

IX.

Combien d'autres douleurs! quelle crise mortelle,
    Là même où finit le danger!
    Sous la terreur l'âme chancelle!
    Nul bras ne peut la protéger.
Mais vous accourez, vous, dont les paroles pures
Sont le baume et le vin de toutes les blessures;
Et nul malheur ici ne vous est étranger.

Emules des Ollier, gloires de Saint-Sulpice,
    Vos sublimes gémissemens
    Ont porté leur part du supplice
    Et rafraîchi ces ossemens :
Consolateurs sacrés, leur angoisse dernière,
Se recueille avec vous, redevient la prière !
Et leur Dieu les reçoit dans ses embrassemens.

Je vois tous les Pasteurs de ces nobles contrées!
    Quel parfum, dans un même jour,

Inonde, par leurs mains sacrées,
La vie et la mort tour-à-tour!
Et toi, Maître chéri d'une sainte jeunesse,
Tu ne retrouves plus deux fils de ta tendresse,
Mais combien de mourans te lèguent leur amour!

Versons les larmes du Prophète,
Chantons ses lugubres accords:
Un deuil sanglant couvre une fête!
C'est comme la fête des morts!

X.

Portons aux pieds du Dieu qui frappe et fait revivre,
La prière! don précieux,
Rançon divine, elle délivre
Les captifs attendus aux cieux.
Ah! que chacun de nous leur offre son obole!
Et que de leur bonheur l'aurore nous console,
Parmi tant de linceuls étendus sous nos yeux.

Laissons les grands du siècle : ils n'ont point eu d'entrailles !
 Ils ont, au jour du désespoir,
 Au jour même des funérailles,
 Abjuré ce pieux devoir.
De profanes concerts ont charmé leurs oreilles !...
Pour nous, un autre soin doit consacrer nos veilles,
Et le deuil du matin reste le deuil du soir.

 Versons les larmes du Prophète,
 Chantons ses lugubres accords :
 Un deuil sanglant couvre une fête !
 C'est comme la fête des morts.

Paris, mai 1842.

qui m'a donné [...]
et la P.e remontrance à M.r Dupin [...]
j'ai aussi la lamentation sur la mort du f[...]
Il m'a donné aussi un memoire pour les enfans d[...]

Vendéens. / L'archange S.t Michel et l'ange Gardien.

www.ingramcontent.com/pod-product-compliance
Lightning Source LLC
Chambersburg PA
CBHW060614050426
42451CB00012B/2254